AF313449

CATALOGUE

D'UNE

TRÈS-BELLE COLLECTION

DE

TABLEAUX

ANCIENS ET MODERNES

DES

ÉCOLES ITALIENNE, FLAMANDE & FRANÇAISE

Ayant appartenu à feu M. le Comte de BUDÉ DE FERNEY

DONT LA VENTE AUX ENCHÈRES PUBLIQUES AURA LIEU

PAR SUITE DE SON DÉCÈS

HOTEL DES COMMISSAIRES-PRISEURS

Rue Drouot, n° 5

SALLE N° 7

LES VENDREDI 8 & SAMEDI 9 AVRIL 1864, A 2 HEURES

Par le ministère de Me **CHARLES PILLET,** Commissaire-Priseur,
rue de Choiseul, 11,
Assisté de **M. Ferdinand LANEUVILLE,** Expert,
rue Neuve-des-Mathurins, 73,
Chez lesquels se distribue le présent Catalogue.

EXPOSITIONS { PARTICULIÈRE : le Mercredi 6 Avril } de 1 heure à 5 heures
{ PUBLIQUE : le Jeudi 7 Avril }

PARIS — 1864

CE CATALOGUE SE DISTRIBUE A L'ÉTRANGER

A **Bruxelles**..... Chez MM. Etienne Le Roy, place du Grand-Sablon, 12.

A **Londres**......   —   Colnaghi, Pall Mall East, 14.

A **Amsterdam**..   —   Roos.

A **Rotterdam**...   —   Lamme, Directeur du Musée.

A **Genève**.......   —   Manaya, Marchand d'Objets d'art.

CONDITIONS DE LA VENTE

Elle sera faite au comptant.

Les Acquéreurs paieront 5 pour cent, en sus du prix d'adjudication.

DÉSIGNATION

DES

TABLEAUX

ÉCOLE ITALIENNE

ALBANE

1 — La mort d'Adonis.

Cuivre.—H. 24 c. L. 35 c.

ALUNNO (Nicolas), de Foligno

2 — Adoration de l'Enfant Jésus.

La Sainte Vierge, saint **Michel**, saint **Jean** agenouillés devant l'Enfant Jésus endormi.

Bois.—H. 100 c. L. 69 c.

BOTICELLI

3 — L'Enfant Jésus assis sur les genoux de sa mère reçoit des fruits que lui offrent deux anges.

Bois.—H. 79 c. L. 56 c.

CARRACHE (A.)

4 — Sainte Famille.

CIMABUE.

5 — La Sainte Vierge allaitant l'Enfant Jésus.

Des Anges lui posent une couronne sur la tête, fond or.

Cintre.—Bois.—H. 92 c. L. 59 c.

DOMINIQUIN

6 — Agar dans le désert.

L'Ange lui montre la source miraculeuse qui doit rendre la vie à son fils, couché au pied du rocher.

Toile.—H. 73 c. L. 54 c.

DU MÊME

7 — Paysage boisé.

Par une arcade naturelle, sous laquelle passe un large ruisseau, on aperçoit une belle campagne. Au premier plan un pâtre et son troupeau.

Toile.—H. 48 c. L. 54 c.

GASPRE POUSSIN

8 — Paysage. Effet du soir.

Un pâtre conduisant un troupeau de moutons.

Toile.—H. 48 c. L. 61 c.

DU MÊME

9 — Paysage animé de figures.

DU MÊME

10 — Même sujet.

GASPRE POUSSIN

11 — Paysage historique avec figures.

Toile.—H. 75 c. L. 97 c.

DU MÊME

12 — Paysage d'un style sévère.

Une ville assise sur le haut d'une montagne.
Toile.—H. 32 c. L. 47 c.

GIORDANO (Luca)

13 — La Samaritaine.

Toile.—H. 2 m. 5 c. L. 1 m. 50 c.

GUIDO RENI

14 — Sainte Madeleine.

Elle coupe ses cheveux et se dépouille de ses riches
parures.
Ovale.—Toile.—H. 75 c. L. 62 c.

DU MÊME

15 — Saint Sébastien.

Toile.—H. 86 c. L. 70 c.

LORENZO LIPPI

16 — Descente de croix.

Joseph d'Arimathie soutient le corps inanimé de Notre
Seigneur.
Bois.—H. 70 c. L. 57 c.

MANTEGNA (AN.)

17 — La Vierge, saint Joseph et une Sainte adorant l'Enfant Jésus.

Collection du cardinal Fesch.

Bois.—H. 80 c. L. 106 c.

PALME, LE JEUNE

18 — Le Christ dépouillé de son manteau par un soldat.

Toile.—H. 118 c. L. 104 c.

PINTURICCHIO

19 — Mise au tombeau.

Sainte Madeleine, Joseph d'Arimathie et Nicodème soutiennent le corps de Notre Seigneur et s'apprêtent à l'ensevelir.

Cintré.—Bois.—H. 75 c. L. 152 c.

SALVATOR ROSA

20 — Paysage maritime.

A droite l'entrée d'un port en ruines dominé par de hautes montagnes rocheuses, des groupes de marins diversement groupés animent le tableau.

Toile.—H. 57 c. L. 71 c.

TITIEN

21 — La Vierge, l'Enfant Jésus, saint Sébastien et saint Roch.

Bois.—H. 34 c. L. 64 c.

ÉCOLES HOLLANDAISE & FLAMANDE

BAUT et BAUDEWINS

22 — Ville au bord du Rhin.

Différents groupes de personnages de toutes conditions animent ce tableau.

Toile.—H. 29 c. L. 41 c.

BEGA (C.)

23 — Un enfant cherchant des puces à son chien.

Bois.—H. 35 c. L. 26 c.

BOTH (Jean et André)

24 — Au premier plan, un homme assis sur un âne cause avec un paysan ; plus loin, un garçon assis sur une pierre et un autre debout cause avec lui.

Paysage découvert baigné par une rivière qui le traverse en serpentant ; à droite sur un tertre quelques grands arbres.

Toile.—H. 75 c. L. 66 c.

BOTH (Jean et André)

25 — Paysage. Effet de soleil levant.

A gauche des rochers surmontés de broussailles près desquels plusieurs voyageurs se sont arrêtés ; plus loin une rivière traversée par un pont fortifié, conduisant à des montagnes.

Toile.—H. 47 c. L. 64 c.

BRAUWER

26 — Intérieur rustique.

Plusieurs paysans devant une cheminée.

Bois.—H. 33 c. L. 26 c.

BREENBERG (B.)

27 — Paysage.

Près d'une ville en ruines des pâtres gardent un troupeau de bœufs et de chèvres.

Bois.—H. 28 c. L. 33 c.

BREUGHEL, LE VIEUX

28 — Fête de village.

La fête s'est établie au milieu du village. Une immense ronde s'est formée, le premier plan est occupé par des paysans attablés pour boire.

Bois.—H. 49 c. L. 76 c.

BREUGHEL

29 — Singes dévalisant un marchand endormi.

Bois.—H. 24 c. L. 33 c.

BRILL (P.)

30 — Paysage boisé avec figures.

Cuivre.—H. 17 c. L. 22 c.

BRILL (P.) ET ROTTENHAMER

31 — Saint François adorant la croix.

Cuivre.—H. 30 c. L. 23 c.

CUYP (A.) Attribué

32 — Paysage.

> Un pâtre gardant un troupeau de moutons.
>
> Bois.—H. 53 c. L. 71 c.

DEVRIES

33 — Paysage avec château fortifié.

> Des voyageurs à pied et à cheval arrêtés sur un chemin.
>
> Bois.—H. 34 c. L. 27 c.

DUJARDIN (K.) Attribué

34 — Un paysan conduisant une charrette attelée de deux chevaux s'est arrêté devant une auberge pour se rafraîchir ; il cause avec un vieillard assis sur un banc près de la porte.

> Toile.—H. 34 c. L. 39 c.

ELZHEIMER (Ad.)

35 — L'Ange et Tobie.

> Cuivre.—H. 11 c. L. 18 c.

FRANCK (Séb.)

36 — Vénus et Vulcain.

> Allégorie. Louis XIV essaie des cuirasses ; de riches armes fleurdelisés sont déposées à terre.
>
> Bois.—H. 45 c. L. 83 c.

GOYEN (J.-V.) Signé

37 — Village au bord d'une rivière.

> Deux hommes dans un bateau pêchent à la ligne.
>
> Bois.—H. 26 c. L. 37 c.

GOYEN (Van) Signé

38 — Paysage. Effet d'hiver.

Sur un canal, de nombreux patineurs.

Bois.—H. 34 c. L. 39 c.

HELMONT (Van)

39 — Les Mendiants.

Ce tableau est signé Téniers.

Bois.—H. 28 c. L. 22 c.

HEMLING

40 — Triptyque.

Le panneau du milieu représente saint Jérôme en extase devant le crucifix, près de lui le lion traditionnel, sur le volet de droite sainte Madeleine en prière et sur celui de gauche sainte Catherine debout tenant un livre. Des groupes de divers personnages occupent les plans plus éloignés.

Ce tableau est d'un fini le plus précieux et d'une conservation parfaite.

Bois.—H. 27 c. L. 34 c.

HONDEKOETER (M.)

41 — Coqs, poules, canards et pigeons devant une ferme.

Toile.—H. 100 c. L. 120 c.

JANSSENS

42 — Le Menuet.

Nombreuse réunion de personnages de distinction ; une partie de la société s'est installée autour des tables de jeut quelques dames et leurs cavaliers s'entretiennent gaiement ensemble, et au milieu du salon une jeune fille et un jeune homme exécutent un menuet.

JANSSENS

42 bis — Des Dames près d'une jeune Malade.

Toile.—H. 82 c. L. 117 c.

LINGELBACK (signé, daté 1670)

43 — Combat naval contre des Turcs.

Ce tableau est l'un des plus remarquables du maître.

Toile.—H. 109 c. L. 150 c.

MIEL (J.)

44 — Plusieurs paysans italiens ont fait halte à l'ombre d'un rocher près d'une fontaine, où leur chien se désaltère.

Toile.—H. 42 c. L. 34 c.

MOLENAER (signé)

45 — Vue de Hollande. Effet d'hiver.

Animé de divers groupes de patineurs.

Toile.—H. 96 c. L. 94 c.

NEER (Eglon van der)

46 — Paysage.

Enfants jouant avec des oiseaux.

Bois.—H. 25 c. L. 18 c.

NETSCHER (G.)

47 — Portrait d'homme.

Coiffé de longs cheveux blonds bouclés et vêtu d'une riche robe de chambre.

Il est représenté assis, le bras gauche appuyé sur le dos de sa chaise.

Toile.—H. 52 c. L. 39 c.

OSTADE (Ad. van), signé, daté 1570

48 — Halte de voyageurs devant une auberge.

L'un d'eux a donné l'avoine au cheval qui conduit sa charrette; une paysanne, ayant près d'elle deux petits enfants, récure un chaudron, près de là un paysan assis sur un tertre et à gauche au fond du tableau des chariots sur une route.

Bois.—H. 33 c. L. 44 c.

PETERS (B.), signé

49 — Mer houleuse couverte de barques de pêcheurs.

Bois.—H. 29 c. L. 43 c.

POELEMBOURG (C.), signé

50 — Paysage avec ruine.

Sur le premier plan des nymphes se baignent, plus loin des bergers et leurs troupeaux.

A l'horizon des montagnes dans la vapeur.

Toile.—H. 30 c. L. 37 c.

RUYSDAEL (S.)

51 — Paysage. Effet de soleil couchant.

A gauche un terrain boisé, un rapide cours d'eau s'en échappe tombe en cascade et s'écoule vers la droite, près de la cascade un pâtre endormi et son troupeau.

Dans le fond à travers des massifs d'arbres on aperçoit un clocher et la tour d'un château.

L'horizon est borné par de hautes montagnes.

Toile.—H. 85 c. L. 107 c.

RUYSDAEL (Salomon), signé

53 — Les clochers d'une ville s'élèvent au-dessus d'un massif d'arbres, sur une route qui y conduit cheminent plusieurs groupes de voyageurs.

Bois.—H. 38 c. L. 60 c.

SWANEVELT

53 — Paysage. Site d'Italie.

Sur un chemin traversé par un pont rustique circulen des voyageurs.

Bois.—H. 27 c. L. 40 c.

TÉNIERS (D.)

54 — Paysage baigné par une rivière.

Au fond du tableau un château ; au premier plan des pêcheurs.

Bois.—H. 54 c. L. 71 c.

TÉNIERS (D.) Attribué

55 — L'Église du village.

Un villageois le chapeau à la main aborde un prêtre quelques groupes de paysan animent le tableau.

Bois.—H. 30 c. L. 43 c.

TÉNIERS, Attribué

56 — Paysage et figures.

Bois.—H. 22 c. L. 26 c.

VELDE (G. VAN DEN), signé, daté 1672

57 — Paysage maritime.

> Des marchands à cheval et en charrette se rendent au bord de la mer pour assister à l'arrivée des pêcheurs dont les barques se dirigent vers la plage.
>
> Bois.—H. 44 c. L. 37 c.

VELDE (G. VAN DEN)

58 — Marine. Tempête.

> Plusieurs vaisseaux démâtés viennent se briser contre des rochers.
>
> Toile.—H. 28 c. L. 39 c.

WICK (TH.)

59 — Paysage. Effet de soleil couchant.

> Une fileuse et son enfant près d'elle ; un paysan charge des paquets sur un mulet, un autre rattache sa chaussure et plus loin un pâtre et un troupeau de vaches.
>
> Bois.—H. 37 c. L. 30 c.

WILLARTS (A.), signé, daté 1640

60 — Marine.

> Plusieurs vaisseaux de guerre passent à toutes voiles devant une ville maritime.
>
> Bois.—H. 45 c. L. 80 c.

WOUWERMANS (PH.), signé

61 — Paysage.

> Un voyageur suivi d'un chien blanc a mis pied à terre et tient son cheval par la bride ; il cause avec un vieux pêcheur chargé de ses filets. Plus loin des paysans devant une hutte et au dernier plan une rivière.
>
> Bois.—H. 30 c. L. 37 c.

ÉCOLE HOLLANDAISE

62 — Marine. Effet d'orage.

Bois.—H. 33 c. L. 52 c.

ÉCOLE ALLEMANDE

CRANACK (L.)

63 — La Sainte Vierge et son Divin Fils sur ses genoux, des anges en adoration.

Bois.—H. 56 c. L. 36 c.

GESSNER (C.), 1814, signé

64 — Chevaux à la prairie.

Toile.—H. 89 c. L. 104 c.

ROSE DE TIVOLI

65 — Paysage. Site d'Italie.

Des pâtres assis près d'un troupeau de vaches et de moutons.

Toile.—H. 70 c. L. 110 c.

ROSE DE FRANCFORT

66 — Deux pâtres, dont l'un est assis sur un ane, font traverser une ruine inondée par un cours d'eau à un troupeau de bœufs et de moutons; à gauche un muletier et deux mules; à droite une rivière qui va se perdre à l'horizon terminé par de hautes montagnes.

Toile.—H. 34 c. L. 58 c.

ROSE DE FRANCFORT

67 — Pâtres et leurs troupeaux près d'une ruine.

Toile. — H. 45 c. L. 50 c.

ÉCOLE MODERNE ALLEMANDE

SCHUTZ

68 — Vue prise en Allemagne.

A droite sur un chemin conduisant à un village circulent plusieurs voyageurs, à gauche une paysanne se lave les pieds dans un cours d'eau tandis que ses vaches s'y désaltèrent.

Toile. — H. 29 c. L. 59 c.

TÖPFER (A.), PÈRE, signé

69 — Fête villageoise.

Toile. — H. 25 c. L. 72 c.

ÉCOLE ANGLAISE

DANBY (F.)

70 — Vue d'une île entourée par un lac.

Des pâtres ont amené un troupeau de vaches pour le faire boire.

DANBY (F.), 1835.

71 — Le Coup de vent.

Des pilotes sortent du port pour secourir des navires en détresse, à droite un phare à l'entrée du port.

Toile.—H. 42 c. L. 57 c.

LELY (P.)

72 — Henriette de France, femme de Charles Ier.

Elle est représentée vêtue d'une robe de satin blanc ornée de nœuds de rubans rouges et d'un col de guipure ; un collier et des boucles d'oreilles en perles complètent sa toilette, ses beaux cheveux sont bouclés sur son front.

Toile.—H. 68 c. L. 56 c.

ÉCOLE ESPAGNOLE

ARELLANO (J.)

73 — Vase de fleurs.

Toile.—H. 37 c. L. 27 c.

VÉLASQUEZ

74 — Portrait de Philippe IV en pied tenant une lettre.

Nu tête, costume noir, manches à crevés de satin blanc, collier de la toison d'or.

VÉLASQUEZ

75 — Le même personnage représenté plus jeune.

Riche costume brodé, manteau rejeté en arrière; il tient une lettre.

Toile.—H. 2 m. L. 1 m. 15 c.

ÉCOLE FRANÇAISE

BERRÉ

76 — Animaux à la prairie.

Bois.—H. 25 c. L. 31 c.

BOURDON (S.)

77 — Des soldats se sont installés dans une ruine pour y passer la nuit.

Quelques-uns fument ou dorment sous une tente, d'autres font une partie de trictrac qui attire l'attention d'un homme et d'une femme.

Des cuirasses, une selle, une malle et un chaudron posés à terre.

Bois.—H. 43 c. L. 63 c.

BOURGUIGNON

78 — Choc de cavalerie.

DU MÊME

79 — Bataille.

Toile.—H. 48 c. L. 85 c.

DUC (J.-L.)

80 — Un Repas.

Un cavalier à table entouré de quatre femmes richement
costumées ; il regarde tendrement celle qui est à sa gauche
tandis qu'il serre la main de celle qui est placée à sa droite,
un personnage se dispose à entrer dans la salle du festin.

Bois.—H. 41 c. L. 57 c.

GELÉE (Claude), dit LE LORRAIN

81 — Entrée du port d'Ancône.

A droite une grande porte cintrée, d'une riche archi-
tecture, ornée de colonnes d'ordre Corinthien termine
une terrasse s'avançant sur la mer ; derrière un vaisseau
à l'ancre et dont on n'aperçoit qu'une partie ; au-delà une
jetée et plus loin une ville assise au pied de hautes montagnes perdues dans la vapeur.

Un vaisseau de haut bord gagne la pleine mer, une
barque à moitié couverte d'un tendelet vient de le quitter
et regagne le port.

Au premier plan à gauche on aperçoit l'extrémité d'un
grand navire dont les voiles repliées se croisent avec les
mâts et les cordages, des matelots à terre tirent les chaî-
nes qui doivent le fixer au rivage, deux barques dont
l'une contient des marchandises se sont détachées et s'avan-
cent à toutes rames pour gagner la terre.

Une mer houleuse, légèrement dorée par le soleil levant,
s'étend à perte de vue et rejoint l'horizon.

Les véritables tableaux de Claude passent si rarement
dans nos ventes, même les plus belles, que nous jugeons
inutile de recommander celui-ci à l'attention de nos con-
naisseurs ; à première vue ils reconnaîtront son incontes-
table authenticité, sa belle qualité, sa parfaite conservation. Nous osons espérer que ce maître, l'honneur de
notre école, ne restera pas au-dessous des prix élevés que
les maîtres français atteignent depuis quelques temps et
qu'il participera à la justice tardive mais bien éclatante
qui leur est enfin accordée.

Toile.—H. 74 c. L. 99 c.

GELÉE (CLAUDE), dit LE LORRAIN

82 — Paysage boisé.

Narcisse se mirant dans l'eau.

Bois.—H. 48 c. L. 40 c.

H. L. 1650

83 — La Moisson.

DU MÊME

84 — Vue du Rhin.

Bois.—H. 16 c. L. 22 c.

LANCRET (Attribué à)

85 — Fête champêtre.

Toile.—H. 51 c. L. 77 c.

LANTARA

86 — Vue prise aux environs de Paris.

Bois.—H. 12 c. L. 17 c.

PALAMÈDES

87 — Plusieurs personnages réunis autour d'une table.

L'un d'eux pince de la guitare ; un cavalier debout un verre à la main s'entretient avec une dame placée près de lui, à gauche un page apportant un plateau.

Bois.—H. 48 c. L. 62 c.

VERNET (J.)

88 — Cascade de Tivoli. Effet de soleil couchant.

Sur un rocher des pêcheurs.

Toile.—H. 88 c. L. 59 c.

DU MÊME

89 — Incendie d'un port.

Les habitants se hâtent de fuir, les uns avec leur famille et les autres chargés de paquets.

Toile.—H. 63 c. L. 96 c.

ÉCOLE FRANÇAISE

90 — Une jeune femme le sein et les bras nus tient une coupe et une corbeille pleine de raisins.

Pastel.

Ovale.—H. 60 c. L. 54 c.

ÉCOLE FRANÇAISE MODERNE

CALAME (A.), signé

91 — Vue prise en Suisse.

A gauche des montagnes vivement éclairées par le soleil, à droite un massif d'arbres.
Un paysan fait désaltérer ses deux chevaux à une mare.

Toile.—H. 57 c. L. 81 c.

GUDIN (Th.), 1833

92 — Marine. Vue prise des côtes de Naples. Effet de soleil couchant.

Toile.—H. 51 c. L. 77 c.

INCONNU

93 — La Justice.

Elle est sur un piédestal, une épée d'une main, une balance de l'autre ; à gauche un homme agenouillé, un autre derrière lui et une femme et un enfant.

A droite un cardinal à cheval parle à un prêtre debout près de lui.

Toile.—H. 86 c. L. 104 c.

Renou et Maulde, imprimeurs de la Compagnie des Commissaires-Priseurs, rue de Rivoli, 144.   30586

www.ingramcontent.com/pod-product-compliance
Ingram Content Group UK Ltd.
Pitfield, Milton Keynes, MK11 3LW, UK
UKHW031707170726
13836UKWH00001B/86